D1220581

Caillou MD

Au marché

WITHDRAWN

Texte : Kim Thompson
Illustrations : Eric Sévigny, d'après le dessin animé

chouette   COOKIE JAR

WHITCHURCH-STOUFFVILLE PUBLIC LIBRARY

OCT 2 8 2013

Caillou et sa famille vont faire les courses.

–Papa, tu as dépassé le supermarché, s'étonne Caillou.

–Aujourd'hui, nous allons au marché des fermiers, répond papa.

–Pour acheter de la nourriture?

–Certainement, dit maman. Nous y trouverons beaucoup de bonnes choses à manger.

Caillou trouve que le marché est vraiment différent du supermarché où il va habituellement.

–Papa, regarde… Tous les aliments sont dehors, sur des tables !

–Eh oui ! Les fermiers viennent ici pour vendre la nourriture qu'ils produisent. Leurs fruits et leurs légumes sont très frais !

Caillou veut aider ses parents à faire les achats, comme au supermarché. Il cherche les bananes, mais il n'en voit nulle part.

—Maman, où sont les bananes?
—Il n'y a pas de bananes ici, dit maman. Au marché, on trouve seulement des fruits qui poussent près d'ici, dans la région.

—Les bananes ne poussent pas près d'ici? demande Caillou, étonné.

—Non, répond maman. Ce n'est pas un produit local. Les bananes poussent si loin qu'elles doivent être transportées en avion.

Caillou sourit en imaginant les bananes qui voyagent en avion pour se rendre au supermarché…

Caillou se rappelle du potager
de mamie.
—Les fraises sont un produit local!
Je le sais parce que mamie en fait
pousser et elle habite près d'ici.
—Tu as raison, dit maman. Mais
tu ne trouveras pas de fraises
maintenant, car nous sommes au
printemps. Les fraises seront mûres
un peu plus tard.

—Nous devons attendre l'arrivée de l'été pour les fraises et les framboises, le plein été pour les pêches et les prunes, et l'automne pour les pommes, continue maman. Caillou commence à avoir faim.

—Qu'est-ce qu'on peut manger maintenant?

—Promenons-nous pour voir ce qu'il y a, répond maman.

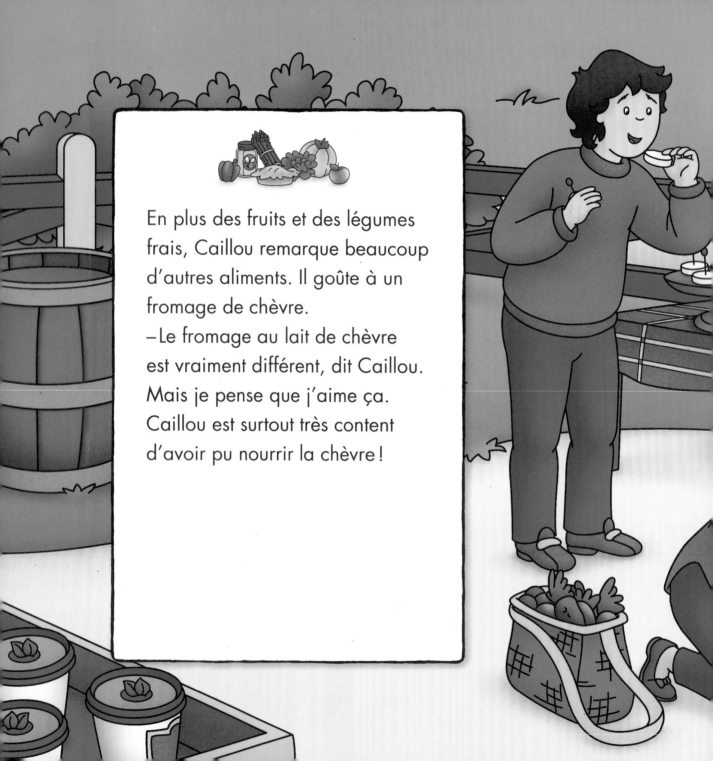

En plus des fruits et des légumes frais, Caillou remarque beaucoup d'autres aliments. Il goûte à un fromage de chèvre.

–Le fromage au lait de chèvre est vraiment différent, dit Caillou. Mais je pense que j'aime ça. Caillou est surtout très content d'avoir pu nourrir la chèvre !

De retour à la maison, maman épluche les asperges et les fait cuire dans un bouillon. Elle verse ensuite la soupe dans le robot de cuisine.

–Caillou, veux-tu appuyer sur le bouton?

–Oh oui!

La soupe est très verte. Caillou se demande s'il va aimer la soupe aux asperges…

Un peu plus loin, Caillou aperçoit
un légume vert et mince comme
un pinceau.
–Qu'est-ce que c'est, maman?
–Ce sont des asperges.
–Quel drôle de nom! rigole
Caillou
–A-pêche! A-pêche! répète
Mousseline.
–Je vais en acheter, dit maman.
J'ai une excellente recette de
soupe aux asperges.

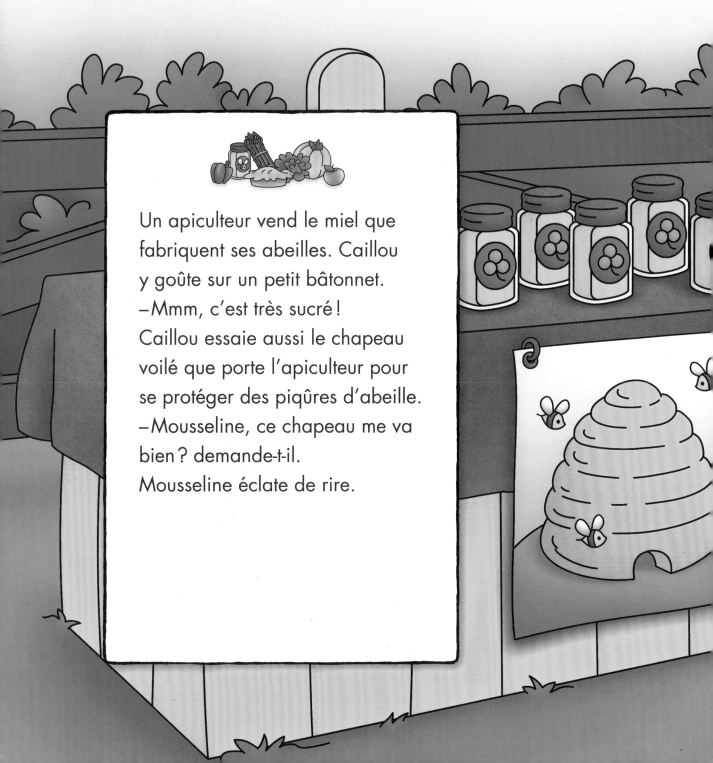

Un apiculteur vend le miel que fabriquent ses abeilles. Caillou y goûte sur un petit bâtonnet.

–Mmm, c'est très sucré !

Caillou essaie aussi le chapeau voilé que porte l'apiculteur pour se protéger des piqûres d'abeille.

–Mousseline, ce chapeau me va bien ? demande-t-il.

Mousseline éclate de rire.

Au souper, toute la famille trouve la soupe verte délicieuse, même Mousseline !

Caillou a hâte de retourner au marché.

—La prochaine fois, dit papa, nous essaierons un autre légume de saison.

—La prochaine fois, dit Caillou, j'aimerais bien essayer quelque chose de rouge !

©2013 ÉDITIONS CHOUETTE (1987) INC. et DIVERTISSEMENTS COOKIE JAR INC.
Tous droits réservés. Toute traduction ou reproduction d'un extrait quelconque de ce livre,
sous quelque forme que ce soit et par quelque procédé que ce soit, tant électronique
que mécanique, en particulier par photocopie ou par microfilm, est interdite.

CAILLOU est une marque de commerce appartenant aux Éditions Chouette (1987) inc.

Texte : Kim Thompson, d'après la série d'animation CAILLOU produite par Divertissements Cookie Jar inc.
(© 1997 Productions CINAR (2004) inc., filiale de Divertissements Cookie Jar inc.).
Tous droits réservés.
Traduction : Claire St-Onge
Illustrations : Eric Sévigny, d'après le dessin animé
Conception graphique : Monique Dupras

Nous reconnaissons l'aide financière du gouvernement du Canada par l'entremise
du Fonds du livre du Canada pour nos activités d'édition.

Patrimoine   Canadian
canadien   Heritage

Nous remercions le ministère de la Culture et des Communications du Québec
et la SODEC de l'aide apportée à la publication et à la promotion de cet ouvrage.

SODEC
Québec

Catalogage avant publication de Bibliothèque et Archives nationales
du Québec et Bibliothèque et Archives Canada

Thompson, Kim, 1964-
Caillou : le marché fermier
(Planète écolo)
Traduction de : Caillou : fresh from the farm.
Pour enfants de 3 ans et plus.

ISBN 978-2-89718-024-9

1. Marchés de ferme - Ouvrages pour la jeunesse. 2. Produits du terroir -
Ouvrages pour la jeunesse. 3. Produits agricoles - Commercialisation -
Ouvrages pour la jeunesse. I. Sévigny, Éric. II. Titre. III. Titre: Marché fermier.
IV. Collection: Planète écolo.

HD9000.5.T4614 2013   j381'.41   C2012-941670-3

RECYCLÉ
Papier fait à partir
de matériaux recyclés
FSC® C103304

L'utilisation de papier entièrement
recyclé fabriqué au Québec,
contenant 100 % de fibres
postconsommation et produit
sans chlore, a permis de sauver
22 arbres matures.